BEI GRIN MACHT SICH IHR WISSEN BEZAHLT

- Wir veröffentlichen Ihre Hausarbeit, Bachelor- und Masterarbeit

- Ihr eigenes eBook und Buch - weltweit in allen wichtigen Shops

- Verdienen Sie an jedem Verkauf

Jetzt bei www.GRIN.com hochladen und kostenlos publizieren

Georgios Dimoulis

Global Sourcing Projekte - Kostenbetrachtung und Potentiale

GRIN Verlag

Bibliografische Information der Deutschen Nationalbibliothek:

Die Deutsche Bibliothek verzeichnet diese Publikation in der Deutschen National-
bibliografie; detaillierte bibliografische Daten sind im Internet über http://dnb.d-
nb.de/ abrufbar.

Impressum:

Copyright © 2012 GRIN Verlag GmbH
Druck und Bindung: Books on Demand GmbH, Norderstedt Germany
ISBN: 978-3-656-24147-8

Dieses Buch bei GRIN:

http://www.grin.com/de/e-book/197914/global-sourcing-projekte-kostenbetrachtung-
und-potentiale

GRIN - Your knowledge has value

Der GRIN Verlag publiziert seit 1998 wissenschaftliche Arbeiten von Studenten, Hochschullehrern und anderen Akademikern als eBook und gedrucktes Buch. Die Verlagswebsite www.grin.com ist die ideale Plattform zur Veröffentlichung von Hausarbeiten, Abschlussarbeiten, wissenschaftlichen Aufsätzen, Dissertationen und Fachbüchern.

Besuchen Sie uns im Internet:

http://www.grin.com/

http://www.facebook.com/grincom

http://www.twitter.com/grin_com

FOM Hochschule für Oekonomie & Management Frankfurt
University of Applied Sciences

Berufsbegleitender Studiengang: Wirtschaftsinformatik

3. Fachsemester

Seminararbeit für Grundlagen des Projektmanagements

Thema: Global Sourcing Projekte-
Kostenbetrachtung und Potentiale

Autor: Georgios Alkinoos Dimoulis

Abgegeben am:
Frankfurt, den 02.03.2012

Inhaltsverzeichnis

Abkürzungsverzeichnis

Abb.	Abbildung
bspw.	Beispielsweise
bzw.	beziehungsweise
CfSM	Centrum für Supply Management
EDV	Elektronische Datenverarbeitung
Hrsg.	Herausgeber
Mio.	Millionen
o.S.	ohne Seite
PC	Personal Computer
S.	Seite
TCO	Total Cost of Ownership
u.a.	unter anderem
Vgl.	Vergleich
vs.	Versus
z.B.	zum Beispiel

Abbildungsverzeichnis

1 Einleitung

1.1 Themenbeschreibung, Eingrenzung, Erkenntnisinteresse

Nicht nur Erfolgsunternehmen wie Nike, Puma oder Adidas lassen ihre Produkte nahezu ausschließlich im Ausland fertigen, verlagern also wesentliche Teile der Wertschöpfung auf internationale Lieferanten, auch andere Betriebe aus der Bekleidungsindustrie oder auch PC-Hersteller lassen ihre Produkte nach detaillierten Vorgaben in Niedriglohnländern fertigen- und das zu sensationell günstigen Preisen und in absoluter Top-Qualität[1]. Bei diesen Vorgängen spricht man von Global Sourcing.

Im Rahmen der vorliegenden Facharbeit ist es ein Anliegen, Global Sourcing im Allgemeinen und Global Sourcing Projekte im Speziellen näher zu beleuchten und die dadurch anfallenden Kosten zu betrachten, sowie sich mit den Potentialen und natürlich mit den entstehenden Risiken, die mit Global Sourcing Projekten einhergehen, auseinanderzusetzen.

1.2 Inhaltlicher Aufbau der Facharbeit- Vorausschau

Im Folgenden wird zunächst in Kapitel 2 die Einführung und Eingliederung des Global Sourcing besprochen, wobei zuerst auf die Definition und anschließend auf die Entwicklung und die Relevanz von Global Sourcing eingegangen wird. Kapitel 3 beschäftigt sich mit der Vorgehensweise bei Global Sourcing Projekten. Hierbei wird die Ausgangssituation analysiert, Strategien und Maßnahmen besprochen, ebenfalls werden Phasen und Prozessentwicklung beschrieben. Kapitel 4 steigt in die Kostenbetrachtung bei Global Sourcing Projekten ein, wobei zuerst die Gesamtkostenrechnung betrachtet wird und anschließend auf Forschungsergebnisse in Bezug auf eine Beispiel-Branche eingegangen wird. Kapitel 5 zeigt nicht nur die Potentiale und Chancen des Global Sourcing auf, sondern auch die Risikofaktoren und den Umgang damit. Es folgen Kapitel 6 mit einem Resümee und Ausblick und das Literaturverzeichnis.

---

[1] Vgl. Kerkhoff(2005), S.31.
[2] Vgl. Piontek(2005), S.61.

2 Einführung und Eingliederung des Global Sourcing

2.1 Definition

Beim Global Sourcing geht es im Allgemeinen darum, dass Unternehmen ihre Ressourcen, sei es in Bezug auf Humankapital (Arbeitskräfte) oder in Bezug auf ihre Produktion auf einem globalem Markt suchen und ihren Handlungsspielraum erweitern. Unter Berücksichtigung unternehmensinterner Gesichtspunkte geht es bei Global Sourcing um das systematische Beschaffungsmarketing auf den Weltmärkten zur Ausnutzung globaler Wettbewerbsvorteile[2]. Von Wannenwetsch wird Global Sourcing mit einem weltweiten Bezug von Beschaffungsobjekten definiert, wobei durch die Internationalisierung der Beschaffung die Beschaffungsmöglichkeiten gezielt erweitert werden[3].

2.2 Entwicklung und Relevanz

Die Idee des Global Sourcing hat sich stark gewandelt[4]: In den 1980er Jahren war es eher exotisch und nur auf wenige Materialgruppen und Märkte (z.B. Taiwan und Korea) beschränkt, in den 1990er Jahren hat es im Zuge der Öffnung der Märkte, vor allem in Ost-Europa, enorm an Relevanz gewonnen. Am Anfang des Jahrtausends ging es dabei noch fast ausschließlich um Kostensenkung, wobei mit dem Aufschwung der letzten Jahre deutlich wird, dass die Überlegungen hinsichtlich kompletter, globaler Wertschöpfungsketten die Ausrichtung der Unternehmen für bestimmte Beschaffungsmärkte stark bestimmen. Demzufolge steht Global Sourcing heutzutage nicht mehr bloß für Beschaffung in Niedriglohnländern, sondern sollte viel mehr als strategischer Ansatz zur Unternehmensentwicklung betrachtet werden, denn es stehen nicht nur sämtliche zugekauften Leistungen und Märkte im Fokus, sondern auch die globale Aufstellung und Entwicklung eines Unternehmens.

[2] Vgl. Piontek(2005), S.61.
[3] Vgl. Wannenwetsch(2010), S.169.
[4] Vgl. Zenglein/Drozak(2008), S.203.

Arnold ist im Jahr 2002 der Ansicht, dass Global Sourcing keinesfalls die umfassende, omnipotente Beschaffungsstrategie schlechthin ist und benennt zwei Extrempositionen (Global Sourcing als weltweiter Einkauf vs. Global Sourcing als umfassendes Konzept für das gesamte Unternehmen), von denen er sich jedoch distanzieren möchte, um ein theoretisch reflektiertes Konzept des Global Sourcing aufzuzeigen, wobei die über eine reine Internationalisierung hinausgehenden Möglichkeiten und Chancen aufgezeigt werden, welche im Rahmen dieser Arbeit in Kapitel 5.1 weiter ausgeführt werden[5].

Obwohl Global Sourcing den Wettbewerb auf dem Weltmarkt stimuliert, hat es auch eine starke Rückwirkung auf die nationalen Lieferanten, da diese mit der Wettbewerbssituation des Weltmarktes konfrontiert werden und auf den verstärkten Konkurrenzdruck reagieren müssen[6], was Risiken für die nationalen Märkte mit sich bringt.

2.3 Aufgaben und Zielsetzung

Der wichtigste Grund für Global Sourcing ist, wie bereits eingehend beschrieben, die Möglichkeit, Materialkosten und Gemeinkosten zu reduzieren, wobei die großen Einsparerfolge sich bereits nach kurzer Zeit in einer spürbar erhöhten Rentabilität widerspiegeln[7].

Zielsetzung der Internationalisierung des Einkaufs ist laut Bullinger/Spath/Warnecke/Westkämper hauptsächlich die Steigerung der Wettbewerbsfähigkeit des Unternehmens[8]: Dabei wird zwischen Kosten-, Technik- und Marktzielen unterschieden, welche in Kapitel 3.2 in einer Abbildung veranschaulicht und weiter ausgeführt werden.

---

[5] Vgl. Arnold(2002), S.203.
[6] Vgl. Piontek(2005), S.62.
[7] Vgl. Kerkhoff(2005), S.37.
[8] Vgl. Bullinger/Spath/Warnecke/Westkämper(2009), S.353.

3 Vorgehensweise bei Global Sourcing Projekten

3.1 Analyse der Ausgangssituation

Wie man feststellen kann, ob Global Sourcing sinnvoll für ein Unternehmen ist, kann man nicht einfach beantworten, denn eine Pauschalantwort gibt es laut Schwenk/Thyroff nicht[9]: Nicht alle Güter und Dienstleistungen sind für eine Beschaffung auf globalen Märkten geeignet, denn es gibt unterschiedliche Kriterien wie Qualität und Transportkosten, welche genauer in Betracht gezogen werden müssen. Es können einfache standardisierte Güter in großen Mengen sinnvoll sein, aber auch technisch hochentwickelte Güter, welche auf das ausländische Technologiewissen beruhen.

Bei der Formulierung einer Global Sourcing Strategie lohnt es sich, die wesentlichen Aufgaben der Planung ausgehend von der Zieldefinition über die Einbeziehung der organisatorischen Möglichkeiten des Unternehmens bis zur Gestaltung des Strategieformulierungsprozesses festzusetzen[10].

Abb.1: Fragen zur Formulierung der Global Sourcing Strategie

Quelle: TCW Stand: 20.01.2012

In Abbildung 1 lassen sich die fünf W-Fragen erkennen, welche zur Wahl der richtigen Strategie eines Global Sourcing Projektes führen. Es stellt sich bei der

---

[9] Vgl. Schwenk/Thyroff(2011), S.76.
[10] Vgl. TCW(Stand: 20.01.2012)

5

Suche der richtigen Strategie als erstes die Frage „Warum?". Diese Frage bezieht sich auf die betriebswirtschaftlichen Wirkungen. Als nächstes stellt sich die Frage „Wie?". Hierunter fallen die Global Sourcing Prozesse, die später zum Ziel führen sollen. Folglich spielt die Frage „Wo?" eine Rolle auf dem Markt, denn dieser muss bewertet werden. „Mit wem?" spiegelt die Mitwirkung von externen Helfern wider, die bspw. auf Basis der Lieferanten geschehen kann. Als letztes stellt sich die Frage „Was?", um die richtige Strategiewahl zu treffen. Hierbei geht es um die Beschaffungsprojektstruktur. Zusammenfassend kann man sagen, dass alle fünf W-Fragen für die Wahl der richtigen Strategie wichtig sind, damit nicht nur kurzfristig, sondern auch langfristig globaler Erfolg geerntet werden kann.

3.2 Strategie und Maßnahmen

Um die richtigen Einkaufsmitarbeiter für ein Global Sourcing Projekt zu identifizieren müssen folgende Qualifikationen und Fähigkeiten mitgebracht werden, welche man in drei Bereiche unterscheiden kann[11]:

- Kognitive Fähigkeiten (Analysefähigkeiten, Strategieentwicklung, Verhandlungstechniken/Erfahrung, Ausschreibungen, Vertragswesen, Lieferantenmanagement, Compliance (Credo Sourcing), Prozesseffizienz).

- Verhalten (Ergebnisorientierung, Teamarbeit, Customer Relationship (intern/extern), analytisches Denken, soziale Kompetenz, unternehmerische Fähigkeiten, Lernbereitschaft).

- Operative Fähigkeiten (Kommunikation allgemein, Bewusstsein für interkulturelle Kommunikation, Englischkenntnisse in Wort und Schrift, gegebenenfalls weitere Sprachen, ausgearbeitete Präsentationstechniken/-fähigkeiten, EDV-Kenntnisse, sowie Erfahrung mit Projektmanagement, Prioritäten- und Zeitmanagement, Change Management und Erfahrung mit Innovation).

---

[11] Vgl. Schwenk/Thyroff(2011), S.77f.

Die folgende Abbildung zeigt auf, welche Phasen der Strategiefindungsprozess im Global Sourcing durchläuft:

Abb.2: Ablaufschema zur Festlegung der Global Sourcing-Strategie

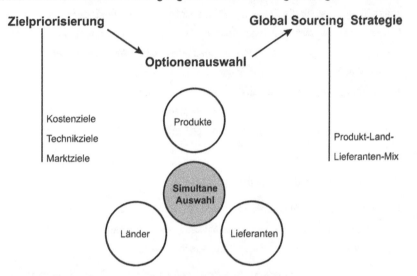

Quelle: Bullinger/Spath/Warnecke/Westkämper(2009), S.355.

Im ersten Schritt werden die Ziele des Global Sourcing definiert, welche sich wie bereits in Kapitel 2.3 angeschnitten in drei Bereiche unterteilen: Man unterscheidet Kostenziele (welche sich mit der Senkung der Einstandskosten und der Optimierung der Lebenszykluskosten befassen), Technikziele (hierbei werden internationales Know-how und Innovationen genutzt) und Marktziele (diese beinhalten das Kennenlernen potenzieller Absatzmärkte und die regionale Anpassung des Leistungsportfolios). Im zweiten Schritt werden die Optionen für die Global Sourcing-Strategie definiert, wobei die beteiligten Produkte, Lieferanten und Länder mit ihren Eigenschaften in der Planung berücksichtigt werden. Hierbei wird eine Auswahl von Optionen getroffen, welche in Kombination die ausgewählte Global Sourcing-Strategie ausmachen. Ziel hierbei ist es den optimalen Produkt-Land-Lieferanten-Mix zu definieren und ausfindig zu machen, um ein optimales Produktportfolio, eine optimale Anzahl an Lieferanten je Produkt und eine optimale geografische Streuung der Lieferanten zu ermöglichen.

3.3 Phasen und Prozessentwicklung

In Bezug auf das wachsende Interesse des Marktes für Global Sourcing haben sich bestimmte Portale entwickelt, die Unternehmen bei der Organisation von Global Sourcing Projekten unterstützen sollen. Das Centrum für Supply Management (CfSM) organisiert seit 2005 regelmäßig Arbeitskreise für Unternehmen, die sich mit dem Einkauf in Asien und/oder Mittel- und Osteuropa befassen, wobei ab dem Jahr 2011 auch Lateinamerika hinzu kam[12].

Abb.3: Ablauf eines Global Sourcing Projektes

Quelle: Global Sourcing Portal Stand: 12.01.2012

---

[12] Vgl. Global Sourcing Portal(Stand: 12.01.2012)

In Abbildung 3 erkennt man den Ablauf eines Global Sourcing Projektes in Form von Arbeitsgruppen, die das CfSM bietet. Mittelpunkt bei dieser Grafik ist das CfSM. Die Phasen teilen sich in die Vor-Analyse-, Workgroup- und die Nachbetreuungs-Phase.

In der Vor-Analyse-Phase befassen sich das CfSM und das Unternehmen u.a. mit den Sourcingstrategien: Hierfür werden zunächst das Beschaffungsprogramm analysiert, die Sourcingstrategien und die organisatorischen Strukturen analysiert. Es werden Materialgruppen gebildet und daraus folgend die geeigneten Sourcingstrategien empfohlen. Die zweite Phase, die Workgroup-Phase, besteht aus regelmäßigen Treffen aus koordinierten und moderierten regelmäßigen Treffen aller Beteiligten, zu denen Experten hinzugezogen werden. Bei Bedarf werden in dieser Phase gemeinsame Reisen organisiert Des Weiteren kann bei Bedarf eine gemeinsame Reise in das jeweilige Land organisiert werden. Die letzte Phase ist die Nachbetreuungs-Phase. Hier wird ein Soll-Ist-Vergleich gemacht um gegebenenfalls Verbesserungsvorschläge zu erarbeiten und reale Einsparungen werden ermittelt.

Alle drei Phasen bilden die Vorgehensweise eines Global Sourcing Projektes. Eine genaue Zielsetzung, wie dies in der ersten Phase geschieht, eine ständige Kontrolle, wie dies in der zweiten Phase geschieht und eine nachhaltige Betreuung sowie eine eventuelle Anpassung an Veränderungen, bilden einen guten Grundbaustein, um einen langfristigen Erfolg zu sichern.

4 Kostenbetrachtung bei Global Sourcing Projekten

4.1 Gesamtkostenrechnung / TCO

Ein wichtiger Faktor des Global Sourcing ist im Regelfall das Ausnutzen länderspezifischer Unterschiede im Herstellkostenniveau, wobei es sehr große Kostenunterschiede bei Lohn- und Lohnnebenkosten im internationalen Rahmen gibt, ebenfalls sollten auch Inputfaktoren wie Material, Energie, Dienstleistungen sowie staatliche Abgaben bei der Kostenbetrachtung des Global Sourcing berücksichtigt werden, aber auch einmalige sowie laufende Kosten (wie beispielsweise erschwerte Auswahl und Qualifizierung des Lieferanten, erhöhte Kontroll-, Transport- und Reisekosten) sollten unterschieden werden und im Entscheidungskalkül mit einfließen[13]. In der Automobilindustrie z.B. gibt es laut Klug internationale Lohnkostenunterschiede von bis zu 95%, welche die zentralen Triebfelder für Global Sourcing Aktivitäten darstellen[14].

Ins Global Sourcing einzusteigen, nur weil es Trend ist, stellt keine ausreichende Begründung dar und muss sich am Ende des Tages rechnen und kaufmännisch argumentieren lassen, weshalb daher neben einer Chancen-Risiko-Bewertung zwingend auch eine Gesamtkostenrechnung in Verbindung mit einer Sensitivanalyse zu erstellen ist, bevor eine Vergabeentscheidung getroffen wird[15]:

Die Gesamtkostenrechnung (auch Total Cost of Ownership - TCO genannt) muss neben den eigentlichen Produktkosten auch die indirekten Kosten und die Logistikkosten beinhalten, denn im Endeffekt ist es wichtig, was das Produkt den Käufer kostet, wenn es an seinem gewünschten Bestimmungsort angekommen ist. Ebenfalls von großer Bedeutung ist es zu ermitteln, wie sich die einzelnen Kostenblöcke zusammensetzen und wie sich diese in Zukunft entwickeln werden (Rohmaterialpreise, Lohnkosten, Transportkosten, Energiekosten, Umweltauflagen, Steuern etc.).

---

[13] Vgl. Bullinger/Spath/Warnecke/Westkämper(2009), S.353.
[14] Vgl. Klug(2010), S.122.
[15] Vgl. Gabath(2011), S.139.

Folgende Abbildung zeigt eine einfache Darstellung der Bestandteile des Total Cost of Ownership (TCO), um grundlegende Abhängigkeiten zu verdeutlichen:

Abb.4: Total Cost of Ownership

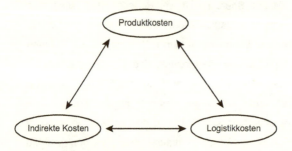

Quelle: Gabath(2011), S.139.

Die Abbildung zeigt zum einen die Bestandteile des TCO und zum anderen ihre Abhängigkeit zueinander: Produktkosten, Logistikkosten und die indirekten Kosten müssen betrachtet, analysiert und gegenseitig abgewogen werden. Hierbei darf keines dieser Bestandteile in der Berücksichtigung fehlen oder außer Acht gelassen werden, da ansonsten eine ordentliche und realistische Gesamtkostenrechnung nicht möglich ist.

Laut Schulze handelt es sich beim TCO um ein Abrechnungsverfahren, welches alle relevanten Kosten auflistet, die in Zusammenhang mit der Neuanschaffung von Investitionen stehen, was bedeutet, dass der gesamte Lebenszyklus einer Anschaffung bzw. Umstellung in die Gesamtbetrachtung einbezogen wird- hierbei kann TCO wie folgt in acht Schritten erfolgen und implementiert werden[16]:

1. Im ersten Schritt wird der Einkauf einem Audit unterzogen, wobei neben der Beschaffungsstrategie speziell die Beschaffungsgüterstruktur, die Lieferantenbasis und das Portfolio genutzter Beschaffungsmärkte analysiert wird.

---

[16] Schulze(2010), S.39f.

2. Im zweiten Schritt wird ein geeignetes Pilotprojekt definiert (hierfür eignen sich besonders Beschaffungsobjekte, die gleichzeitig ein hohes Beschaffungsvolumen und einen hohen Anteil von TCO-Bestandteilen gegenüber dem Bezugspreis aufweisen), das heißt es wird ein Beschaffungsobjekt festgelegt, für das eine erste TCO-Analyse durchgeführt wird.

3. Im dritten Schritt werden die relevanten Kostenelemente identifiziert, wobei sämtliche Kostenauswirkungen der unterschiedlichen Vergabeoptionen betrachtet werden. Weil viele dieser Kosten nicht im Bereich des Einkaufs anfallen, ist eine unternehmensübergreifende Betrachtung notwendig, wobei die Kooperation mit den Fachabteilungen an dieser Stelle essenziell ist.

4. Im vierten Schritt werden die zuvor identifizierten Kostenelemente bewertet. Für bestimmte Ereignisse müssen Kostensätze ermittelt werden, welche z.B. teilweise historische Daten der Kostenstellen- und Kostenträgerrechnung herangezogen. Um die Bewertung von komplexen Zusammenhängen durchführen zu können, eignet sich auch eine vereinfachte Prozesskostenrechnung, da mit diesem Verfahren die vernachlässigten Gemeinkosten verursachungsgerecht zugeordnet werden können.

5. Im fünften Schritt werden die identifizierten und bewerteten Kostentreiber für die verschiedenen Vergabealternativen in Form einer Entscheidungsvorlage gegenübergestellt, welche sowohl die von den Lieferanten angebotenen A-Preise als auch alle relevanten TCO-Bestandteile beinhalten. Der TCO-Vergleich stellt eines der wichtigsten Kriterien dar, anhand derer eine Vergabeentscheidung getroffen werden sollte.

6. Im sechsten Schritt wird eine unternehmensspezifische Ableitung von TCO-Kategorien zur Umsetzung eines beschleunigten Verfahrens erstellt, wobei durch die Wiederholung der Schritte zwei bis fünf Vergleichsdaten gesammelt und ausgewertet werden können. Die Ableitung von TCO-Kategorien erfolgt durch die Analyse von Kostenstrukturen und

Zusammenhängen, womit lassen sich Kategorien von Beschaffungsobjekten, Lieferanten und Beschaffungsmärkten herausarbeiten lassen, welche einen festen Zusammenhang zu Kostentreibern und Kalkulationsverfahren aufweisen. Den identifizierten TCO-Kategorien lassen sich relevante Kostenelemente und Kalkulationsverfahren zuordnen, so dass für Beschaffungsobjekte dieser Kategorien eine beschleunigte Berechnung der TCO möglich wird.

7. Im siebten Schritt erfolgt zum einen die Verankerung der TCO-Systematik in den Unternehmensprozessen und zum anderen die Anpassung des Ziel- und Anreizsystems der Mitarbeiter.

8. Im letzten Schritt erfolgt parallel zur Verankerung der Systematik die Nachkalkulation der Ergebnisse, wobei diese Nachkalkulation das Ziel hat, die Genauigkeit nachfolgender TCO-Kalkulationen zu erhöhen und den Kalkulationsaufwand zu verringern. Als Ergebnis dieser Nachbetrachtung hat man die Möglichkeit weitere TCO-Kategorien zu erstellen oder das Kalkulationsverfahren zu modifizieren.

4.2 Forschungsergebnisse Kostenrechnung am Beispiel der Maschinenbau-Branche

Ob die mit Global Sourcing definierten Unternehmensziele wirklich erreicht werden, hat das Fraunhofer Institut für Systemtechnik und Innovationsforschung anhand folgender Typologien von Maschinenbauunternehmen erklärt und ist anschließend auf aufschlussreiche Ergebnisse gekommen[17]:

- National Manufacturer (n=100, welche ihre Materialbeschaffung national organisieren und unterdurchschnittlich exportieren),

- Global Sourcer (n=118, welche zwar die Vorteile einer globalen Beschaffung nutzen, jedoch ihren primären Absatzmarkt in Deutschland sehen),

---

[17] Vgl. Eßig(2005), S.101.

- Home Based Player (n=144, welche zwar in ihrer Beschaffung regional orientiert sind, jedoch für ihren Absatz die Exportstrategie bevorzugten),
- Global Player (n=167, welche weltweit beschaffen und überwiegend exportieren).

Das Fraunhofer Institut für Systemtechnik und Innovationsforschung kam auf Grundlage dieser Typologien auf ein Ergebnis, dass relativ ernüchternd wirkt:

Ob die Unternehmen ihre Beschaffung global, national oder regional organisiert hatten, war ohne jeglichen Einfluss auf ihre Produktivität (gemessen als Wertschöpfung pro Mitarbeiter) oder ihre Flexibilität (gemessen als Lieferzeit in Werktagen), jedoch erwies sich vielmehr die Absatzseite als maßgeblich, wobei die exportorientierten Maschinenbauer um rund ein Drittel produktiver waren, wobei komplexe Produkte drei Wochen und einfache Produkte eine Woche weniger Zeit benötigten, als die auf den Binnenmarkt fixierte Vergleichsgruppe[18].

Da dieses Beispiel bzw. diese Untersuchung das Ergebnis aus einer einzigen Branche zeigt, sollte dieser Befund nicht überbewertet werden, jedoch kann er zum Anlass genommen werden, kritische Fragen nach der empirischen Evidenz, womit dies auch für diverse Faustregeln gilt, die in der Praxis kursieren[19]:

- International eingekaufte Leistungen sollen mindestens 30% billiger sein, damit sich der gesteigerte Beschaffungs- und Koordinationsaufwand lohnt.
- Das Mindesteinkaufsvolumen sollte entsprechend der Entfernung zum Beschaffungsmarkt wachsen (bspw. in der Maschinenbaubranche mindestens 5 Mio. Euro bei einem Einkauf in Südostasien).

---

[18] Vgl. Eßig(2005), S.101, zitiert nach Dreher(1999)
[19] Vgl. Eßig(2005), S.101, zitiert nach Müller(1998)

5 Potentiale und Risiken des Global Sourcing

5.1 Potentiale / Chancen

Global Sourcing ist ein „Investment in die Zukunft", wobei die ersten Früchte normalerweise nicht gleich nach dem ersten Jahr geerntet werden, sondern bestenfalls im zweiten Jahr oder eventuell noch später, woraus zu schließen ist, dass mit kosteninduziertem Sourcing in einem Land zu beginnen (das entwicklungstechnisch bereits heute an das westeuropäische Niveau heranreicht) bedeutet, dass bereits in wenigen Jahren möglicherweise die gewünschten Kostenvorteile erreicht werden können[20].

Die Gründe, aus denen die richtig praktizierte weltweite Beschaffung massive Ertragspotentiale erschließt und die Wettbewerbsfähigkeit nachhaltig sichert, sind vielfältig[21]. Die folgende Abbildung zeigt auf, welche Faktoren den Erfolg von Global Sourcing, je nach den individuellen Zielsetzungen des Unternehmens und den Gegebenheiten in den jeweiligen Ländern, beeinflussen können[22]:

Abb.5: Chancen des Global Sourcing

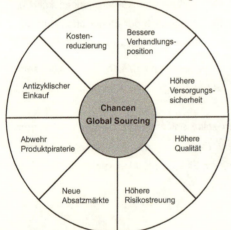

Quelle: Kerkoff(2005), S.38.

---

[20] Vgl. Gabath(2011), S.139.
[21] Vgl. Kerkhoff(2005), S.37.
[22] Vgl. Kerkhoff(2005), S.37.

In Abbildung 5 werden die Chancen des Global Sourcing in einem Tortendiagramm aufgezeigt. Die einzelnen Teile stellen die Möglichkeiten der Optimierungen dar. Diese sind: Kostenreduzierung, bessere Verhandlungsposition, höhere Versorgungssicherheit, höhere Qualität, höhere Risikostreuung, neue Absatzmärkte, Abwehr von Produktpiraterie und antizyklischer Einkauf.

Um die Zusammenhänge näher zu erläutern kann man sagen, dass durch die Einführung von Global Sourcing eine bessere Verhandlungsposition mit anderen Unternehmen im Ausland geschaffen wird und dadurch eine erhöhte Versorgungssicherheit gewährleistet werden kann. Die damit verbundene Auslagerung in das Ausland kann unter Umständen zur Erschließung neuer Absatzmärkte führen, um somit einen verbesserten antizyklischen Einkauf zu ermöglichen. Somit ist zusammenfassend bei der Abbildung deutlich zu erkennen, dass Global Sourcing viele neue Chancen bietet und bei sachgerechter Implementierung auch zu einer Erweiterung der Potentiale eines Unternehmens führen kann.

5.2 Risikofaktoren und der Umgang damit

Das Global Sourcing birgt nicht nur Vor- sondern auch Nachteile in sich. Laut Krokowski fallen darunter nicht nur die größeren Kommunikationsprobleme, welche insbesondere mit Entwicklungs- oder Schwellenländern bestehen[23]:

Bereits die nicht automatisch mitbedachte Sprachbarriere erweist sich als ein Problem. Meist sind zwar gewisse Englischkenntnisse vorhanden, jedoch nicht in allen Bereichen des Unternehmens und auch nicht bei allen potentiellen Unterlieferanten. An manchen Orten braucht man sogar Kenntnisse der lokalen Muttersprache.

Weitere Punkte sind die unterschiedlichen Mentalitäten und Strategien bei Verhandlungen, ein unterschiedliches Ausbildungssystem, verschiedene Berufsbilder, bei denen im Vergleich zu uns andere Kenntnisse und Fertigkeiten

---

[23] Vgl. Krokowski(1998), S.14.

vermittelt werden, das Fehlen der Normen nach internationalen Standards und nicht zu vergessen die unterschiedlichen Rechtsnormen und administrativen Vorschriften sowie eine mangelnde Versorgungssicherheit, ein erhöhtes Qualitätsrisiko und die Erhöhung der Abwicklungszeit von der Auftragserteilung bis zur Lieferung. Auch die Frage des Recycling und der Entsorgung sind nicht immer geklärt und es bleibt ein Währungsrisiko.

Des Weiteren geht Schwenk/Thyroff genauer auf die politischen und wirtschaftlichen Risiken ein, die einen Einfluss auf Global Sourcing Projekte, wobei nun einige davon beschrieben werden[24]:

- In Staaten Lateinamerikas und Afrika, wo man z.B. politisch instabile Länder sieht, welche oft einem Regierungswechsel unterliegen.
- In Ländern wie China, wo der Staat sehr starken Einfluss auf die Wirtschaftsordnung ausübt.
- In Ländern, die sich in Kriegen befinden, z.B. Pakistan, welches über viele Jahre wirtschaftlich und politisch stabil war, jedoch mehrfach seit 2001 in kriegerische Auseinandersetzungen mit dem benachbartem Land Afghanistan verwickelt ist.
- Bei kriegerischen Aktivitäten und sonstigen Umständen, bei denen logistische Störungen entstehen können, z.B. Blockaden von wichtigen Zufahrtswegen, Bahnlinien usw.
- Bei wirtschaftlich bedrohten Ländern, wie es derzeit in Griechenland der Fall ist.

---

[24] Vgl. Schwenk/Thyroff(2011), S.46.

6 Resümee und Ausblick

Im Zuge der Recherche und eingehenden Beschäftigung mit Global Sourcing wurde klar, dass es sich stark gewandelt und enorm an Relevanz gewonnen hat. Heutzutage steht es nicht mehr bloß für Beschaffung in Niedriglohnländern, sondern sollte als strategischer Ansatz zur Unternehmensentwicklung angesehen werden, weil nicht nur alle zugekauften Leistungen und Märkte im Fokus stehen, sondern auch die globale Aufstellung und Entwicklung eines Unternehmens.

Trotzdem darf nicht außer Acht gelassen werden, dass das Global Sourcing auch eine starke Rückwirkung auf die nationalen Lieferanten hat, weil sich diese mit der Wettbewerbssituation des Weltmarktes konfrontiert sehen und auf den verstärkten Konkurrenzdruck reagieren müssen. Das hat natürlich große Risiken für die nationalen Märkte zur Folge. Vor allem kleine und mittelständische Unternehmen stehen vor Schwierigkeiten, da sie nicht über die finanziellen Mittel verfügen um mit den großen mitzuhalten und selbst ausgeklügelte Global Sourcing Strategien zu entwickeln und auch durchzuführen.

Von großer Bedeutung ist es bei Unternehmen, die Global Sourcing implementieren wollen, eine Voranalyse durchzuführen, weil nicht alle Güter und Dienstleistungen für eine Beschaffung auf globalen Märkten geeignet sind. Ebenfalls müssen bei der Vorbereitung die wesentlichen Aufgaben der Planung ausgehend von einer Zieldefinition über die Einbeziehung der organisatorischen Möglichkeiten des Unternehmens bis zur Gestaltung des Strategieformulierungsprozesses festgesetzt werden.

Die Global Sourcing Strategie läuft nach einem bestimmten Schema ab, bei dem zunächst die Ziele definiert werden und die Optionen herausgearbeitet werden, wobei die beteiligten Produkte, Lieferanten und Länder mitberücksichtigt werden müssen. Das Ziel ist es, den optimalen Produkt-Land-Lieferanten-Mix zu definieren, um ein optimales Produktportfolio, eine optimale Anzahl an Lieferanten je Produkt und eine optimale geografische Streuung der Lieferanten zu ermöglichen. Auch die Mitarbeiter für Global Sourcing Projekte müssen mit Bedacht ausgesucht werden. Es bedarf spezieller Qualifikationen und

Begabungen in Bezug auf das Verhalten, sowie in Bezug auf die kognitiven und operativen Fähigkeiten.

Unternehmen sollten sich genau überlegen, ob sie ins Global Sourcing einsteigen und dies nicht nur tun, weil es gerade Trend ist. Es muss sich am Ende des Tages rechnen und kaufmännisch argumentieren lassen, weshalb aus diesem Grund neben einer Chancen-Risiko-Bewertung zwingend auch eine Gesamtkostenrechnung in Verbindung mit einer Sensitivanalyse zu erstellen ist, bevor eine Entscheidung getroffen wird.

Die Gesamtkostenrechnung muss nicht nur die eigentlichen Produktkosten, sondern auch die indirekten Kosten und die Logistikkosten beinhalten, wobei es von Relevanz ist zu ermitteln, wie sich die einzelnen Kostenblöcke zusammensetzen und wie sie sich in Zukunft entwickeln werden.

Ebenfalls berücksichtig werden müssen eventuelle Kommunikationsprobleme aufgrund von mangelnden Sprachkenntnissen im Beschaffungsland, unterschiedliche Mentalitäten und Strategien bei Verhandlungen, ein unterschiedliches Ausbildungssystem, verschiedene Berufsbilder, das Fehlen von Normen nach internationalen Standards ebenso wie unterschiedliche Rechtsnormen und administrative Vorschriften, ein mögliches Qualitätsrisiko, die Frage nach dem Recycling und der Entsorgung, sowie natürlich politische und wirtschaftliche Risiken, die dem Projekt im Weg stehen können.

In Bezug auf die Kostenberechnung können beim Abrechnungsverfahren TCO, das in acht Schritten erfolgen und implementiert werden kann, alle relevanten Kosten aufgelistet werden, die in Zusammenhang mit der Neuanschaffung von Investitionen stehen, was bedeutet, dass der gesamte Lebenszyklus einer Anschaffung bzw. Umstellung in die Gesamtbetrachtung einbezogen wird.

Abschließend lässt sich festhalten, dass Global Sourcing, wenn es richtig praktiziert wird, enorme Erfolgsmöglichkeiten bieten kann. Durch die weltweite Beschaffung können massive Ertragspotentiale erschlossen und die Wettbewerbsfähigkeit nachhaltig gesichert werden. Unternehmen können zu „Global Playern" werden.

Literaturverzeichnis

Arnold, Ulli(2002): Global Sourcing: Strategiedimensionen und Strukturanalyse. In: Hahn, Dietger/Kaufmann, Lutz: Handbuch industrielles Beschaffungsmanagement. 2. Auflage. Wiesbaden: Betriebswirtschaftlicher Verlag Dr. Th. Gabler GmbH 2002, S.201-220

Bullinger, Hans-Jörg/Spath, Dieter/Warnecke, Hans-Jürgen/Westkämper, Engelbert(2009)(Hrsg.): Handbuch Unternehmensorganisation. Strategien, Planung, Umsetzung. 3., neu bearbeitete Auflage. Berlin/Heidelberg: Springer-Verlag 2009

Eßig, Michael(2005)(Hrsg.): Perspektiven des Supply Management. Konzepte und Anwendungen. Berlin/Heidelberg: Springer-Verlag 2005

Gabath, Christoph(2011)(Hrsg.): Innovatives Beschaffungsmanagement. Trends, Herausforderungen, Handlungsansätze. Wiesbaden: Gabler Verlag 2011

Global Sourcing Portal. Online unter: http://www.supply-markets.com/index.asp?Head=0&Main=4&besi=3 (Stand: 12.01.2012)

Kerkhoff, Gerd(2005): Zukunftschance Global Sourcing. China, Indien, Osteuropa-Ertragspotenziale der internationalen Beschaffung nutzen. Weinheim: WILEY-VCH Verlag GmbH & Co. KGaA 2005

Klug, Florian(2010): Logistikmanagement in der Automobilindustrie. Grundlagen der Logistik im Automobilbau. Berlin/Heidelberg: Springer-Verlag 2010

Krokowski, Wilfried(1998)(Hrsg.): Globalisierung des Einkaufs. Leitfaden für den internationalen Einkäufer. Berlin/Heidelberg: Springer-Verlag 1998

Piontek, Jochem(2005): Controlling. 3. Auflage. München: Oldenbourg Wissenschaftsverlag GmbH 2005

Schulze, Frank(2010): KMU im Wandel. Mehrwert im mittelständischen Unternehmen durch Implementierung eines Beschaffungscontrollings. Hamburg: Diplomica Verlag GmbH 2010

Schwenk, Jochen/Thyroff, Astrid(2011): Chancen und Risiken des Global Sourcing. Ein Ratgeber für kleine und mittlere Unternehmen (KMU) – kurz und kompakt. 2. Ausgabe. Norderstedt: Books on Demand GmbH 2011

TCW. Management-Consulting. Global Sourcing. Online unter: http://www.tcw.de/management-consulting/sonstiges/global-sourcing-101 (Stand: 20.01.2012)

Wannenwetsch, Helmut(2010): Integrierte Materialwirtschaft und Logistik: Beschaffung, Logistik, Materialwirtschaft und Produktion. 4., aktualisierte Auflage. Berlin/Heidelberg: Springer-Verlag 2010

Zenglein, Thorwald/Drozak, Jacek(2008): Global Sourcing 2.0. In: Bundesverband Materialwirtschaft, Einkauf und Logistik(Hrsg.): Best Practice in Einkauf und Logistik. 2., völlig neue und erweiterte Auflage. Wiesbaden: GWV Fachverlage GmbH 2008, S.202-218